ORDONNANCES DES DROITS DE LA VICOMTE DE REIMS,

ACCORDES

Entre très-Reverend Pere en Dieu, Monsieur l'Archevêque Duc de Reims, premier Pair de France, Abbé de S. Remy; Et les Habitans d'icelle Ville.

Homologuées en Parlement.

Sur la Copie imprimée à Paris.

A REIMS,

Chez N. POTTIER Imprimeur ordinaire de la Ville, ruë de S. Estienne, au Lion. 1724.

ORDONNANCES DES DROITS DE LA VICOMTÉ DE REIMS,

Accordés entre très-Reverend Pere en Dieu, Monsieur l'Archevêque Duc de Reims, premier Pair de France, Abbé de Saint Remy ; Et les Habitans d'icelle Ville.

SUR les differens meus & pendans en la Cour de Parlement, & qui se pouroient mouvoir, entre les Habitans de Reims d'une part, & très-Reverend Pere en Dieu, Monseigneur l'Archevêque Duc de Reims, premier Pair de France, d'autre part ; pour raison des droits de la Vicomté dudit Reims, apartenans audit Archevêque, & même sur l'amande deuë par defaut d'acquitter lesdits droits : laquelle amande lesdits Habitans disoient ne devoir exceder la somme de sept sols six deniers parisis, excepté pour defaut de payer le droit d'estellage qu'ils confessoient être de soixante sols parisis : & ledit Seigneur Archevêque disoit toutes les amandes de ladite Vicomté être de soixante sols parisis. Lesdites parties, s'il plaît au Roy & à ladite Cour de Parlement, sont condescenduës en appointement ; c'est à sçavoir que les droits de ladite Vicomté se leveront & cuëilleront tels, sous les amandes & en la maniere qui s'ensuit.

Du Droit d'Estellage.

PREMIER.

LEdit Seigneur Archevêque à cause de sadite Vicomté a droit d'Estellage, tel que tous ceux qui vendent grain, farine ou gruys en la Ville de Reims, sont tenus les faire mesurer à la mesure de ladite Vicomté : Et pour ce faire appeller le Vicomte ou l'un de ses Mesureurs, & payer pour le droit d'Estellage, pour chacun septier deux escuelles, pour la mine, une escuelle & pour le quartel, demie escuelle, dont les quatorze escuelles font le quartel au blé, & contient l'escuellée une carte, & le quartel à l'avoine contient dix sept escuelles : & qui defaut à payer ledit droit d'estellage, ou qui mesure sans appeller ledit Vicomte ou un de ses Mesureurs, ou sans le congé dudit Vicomte, il en chet en amande de soixante sols parisis, & si est tenu payer ledit droit d'estellage, sauf les exceptions qui s'ensuivent.

Ceux qui sont francs d'Estellage.

LEdit droit d'estellage appartenant audit Seigneur Archevêque ne s'étend au Ban Saint Remy, appartenant à l'Abbaye dudit Saint Remy : ny en la Mairie Saint Martin, appartenant au Chapitre de l'Eglise de Reims.

Les demeurans en la Terre commune du Chapitre de Reims, en ladite Ville de Reims, ne doivent rien pour ledit droit d'estellage de tout ce qu'ils vendent & mesurent en ladite Terre commune : mais si un autre, non demeurant en ladite Terre commune vendoit en icelle; seroit tenu dudit droit d'estellage, comme s'il vendoit en la Terre dudit Seigneur Archevêque.

Tous ceux du corps de l'Eglise de

Reims, les Francs Sergens, Bourgeois à Chanoines, Coûtres, Sous-Coûtres, Chapucier, Pauvres de Saint Rigobert, Francs Sergens de l'Archediacre, de l'Hôtel-Dieu, & de Saint Denis, sont Francs dudit droit d'estellage de ce qu'ils vendent és maisons, où ils demeurent : mais si aucuns non exempts vendoient és maisons desdits Francs Sergens, Bourgeois à Chanoines, Coûtres, Sous-Coûtres, Chapucier, Pauvres de Saint Rigobert, Francs Sergens de l'Archediacre, de l'Hôtel-Dieu & de Saint Denis dudit Reims, ils seroient tenus dudit droit d'estellage : & si les dessus-nommez vendoient hors de leurs maisons és termes de ladite Vicomté, ledit Seigneur Archevêque maintient qu'ils devroient ledit droit. Et lesdits de Chapitre maintiennent le contraire, & encore maintiennent lesdits de Chapitres, que ceux qui vendent en leurs Maisons Canoniales ne doivent rien dudit droit, jaçoit ce que les Vendeurs, à cause de leurs personnes, ne fussent exempts. Ledit Seigneur Archevêque disant au contraire, que lesdites maisons ne peuvent affranchir les non exempts ; & sur ce pouront chacune desdites parties poursuivre, & defendre leur droit comme de raison.

Semblablement dudit droit d'estellage, sont francs quittes & exempts, tous les Bourgeois & Bourgeoises du corps de l'Eschevinage de Reims, de qui est de leur crû & qu'ils vendent ou mesurent en leurs Greniers ou Maisons, soit qu'ils les tiennent de loüage ou autrement, ou qu'ils y demeurent ou non : mais s'ils revendoient grains, farines ou gruys par eux achetés : ou qu'ils amenassent vendre leur grain au Marché & non en leurs Greniers ou Maisons, ils seroient tenus dudit droit tel que dessus.

Du Droit d'Estellage sur le Sel.

LEdit Seigneur Archevêque a encore droit d'estellage sur le Sel que l'on amene à Reims pour vendre, lequel droit souloit être d'ancienneté d'un minot pour Char, demy minot pour Charette, & un quart de minot pour la somme : mais il a été moderé par feu Monsieur Jean Juvenol des Ursins, jadis Archevêque de Reims, à la raison d'un minot pour muid, dont n'agueres ledit Seigneur & Archevêque a obtenu Arrêt de la Cour des Aydes à Paris, à l'encontre de Jean de Pleurs & Eustache de Pleurs Marchands de Sel demeurans à Troyes.

Duquel droit d'estellage de Sel les Bourgeois & Habitans dudit Reims, maintiennent en être exempts : dont en est Procés indecis, & poura quand à ce, chacune partie poursuivre son droit & soy defendre comme de raison.

Du Droit de Tournieu.

AUdit Seigneur Archevêque, à cause de ladite Vicomté appartient un autre droit ou tribut appellé communement droit de tournieu, deû par plusieurs personnes, à cause de plusieurs & diverses denrées & marchandises, quand on les vend ou achete à Reims, ainsi que plus amplement sera cy-aprés certifié & declaré. Et qui defaut de payer ledit droit, & est trouvé hors les termes de ladite Vicomté cy-aprés designés, il encourt en amande qui est de sept sols six deniers parisis, & si est tenu de payer ledit droit de tournieu, duquel droit de tournieu sont francs, quittes & exempts plusieurs personnes : les uns totalement & en tout temps, & les autres sous certaines conditions & modifications en la maniere qui s'ensuit.

Ceux qui sont francs de Tournieu.

ET premier est à noter, que de quelque denrée ou marchandise ny par quelque personne que ce soit, n'est deû ledit droit de tournieu, si ladite denrée ou marchandise n'excede en prix principal, la somme de six deniers parisis.

Item que tous les Bourgeois & Bourgeoises du corps de l'Echevinage dudit Reims, sont francs, quittes & exempts dudit droit de tournieu en tout temps, & pour quelque denrée ou marchandise que ce soit.

Item que tous les autres Habitans de ladite Ville de Reims, soient Bourgeois ou autres, en quelque Seigneurie ou Jurisdiction qu'ils demeurent, ne doivent rien dudit droit de tournieu de ce qu'ils vendent ou achetent, excepté que les demeurans en ladite Ville, en la Terre & Jurisdiction dudit Seigneur Archevêque, qui ne sont Bourgeois dudit Echevinage doivent pour chacun jour pour ledit droit de tournieu une obole parisis, si ledit jour ils ont vendus quelque denrée ou marchandise excedant le prix de six deniers parisis : mais pour quelque grand prix qu'ils en vendent, & quelque diversité de marchandise qu'ils fassent, si ne doivent-ils pour le jour qu'une obole : laquelle ils sont tenus venir acquitter à ladite Vicomté dedans Soleil couchant dudit jour, sur peine d'amande de sept sols six deniers parisis. Mais si tel Habitant, qui n'est Bourgeois étoit Clerc ou Noble & qui n'eût rien vendu qui ne fut de son crû, il ne devroit rien dudit droit.

Item que dudit droit de tournieu sont francs, quittes & exempts en tout temps & pour quelques denrées & marchandises que ce soit ; les demeurans és Villes appellées Villes franches, cy-aprés denommées.

Item que tous Nobles ou Clercs soient mariés ou non mariés, les Veuves desdits Nobles ou Clercs en quelque lieu qu'ils soient demeurans, sont francs, quittes & exempts dudit droit de tournieu, des denrées qu'ils vendent venans de leur crû, & aussi des denrées qu'ils achetent pour leur user, & non pour revendre.

Des demeurans és Villes de Voiture.

SEmblablement sont francs, quittes & exempts dudit droit de tournieu, de ce qu'ils vendent de leur crû & de ce qu'ils achetent pour leur user, & non pour vendre, les demeurans és Villes qui payent audit Seigneur Archevêque, droit de poiture qui seront cy-aprés denommées, excepté toutesfois que lesdits demeurans esdites Villes de poitures qui ne sont Nobles ou Clercs, doivent ledit droit de tournieu en tout temps de fruit, Foin, Vin & Verjus, comme il sera cy-aprés declaré : & si doivent ledit droit de tournieu de toutes denrées qu'ils vendent ou achetent en ladite Ville de Reims, durant le temps appellé communement audit Reims, Fusche-marche, dont les autres Forains sont tenus payer ledit droit de tournieu.

Le temps de Fusche-marche.

LEquel Fusche-marche a cours deux fois l'an, c'est à sçavoir le Samedy devant la Toussaint ou le Samedy d'aprés, au choix du Vicomte, pour ledit jour seulement : Et commence depuis la minuit, & dure toute la journée ; & l'on a coûtume de mettre ledit jour un tapis à la fenestre de ladite Vicomté.

Et l'autre fois commence ledit Fusche-marche le Samedy vigile de la Pentecôte, Samedy jusques du Samedy ensuivant en un mois aussi à midy, & par ainsi dure cinq semaines ; & on dresse là une ramée devant la Maison de ladite Vicomté, le Lundy lendemain de la Pentecôte au point du jour, & delivre l'Abbé de Saint Remy de Reims quatre charettes de may pour faire ladite ramée, & le Vicomte luy doit pour ce seize deniers parisis.

Laboureurs ou gens de mestier qui sont Clercs ou de Ville de poiture, ne sont tenus payer tournieu des outils ou instrumens qu'ils achetent pour servir à leur labourage ou mestier.

Les Clercs ou demeurans ès Villes payans poiture, qui tiennent terres arrables ou autres heritages à loüage, ne sont tenus payer tournieu des choses qu'ils vendent venans desdits heritages.

Excede fruit, foin, vin & verjus, dont ceux des Villes de poiture, non Nobles ny Clercs, sont tenus payer en tout temps : & si sont tenus payer de toutes autres choses sujettes au droit de tournieu, durant les Fusches-marches comme dit & declaré est dessus.

Les demeurans ès Villes payans poiture

qui achetent à Reims, vin à pots, bouteilles, flacons, barils, ou tonnelets moindres d'un demy caque pour eux user, ne sont pas tenus payer droit de Vicomté en quelque temps que ce soit.

Les demeurans esdites Villes payans poiture, peuvent acheter à Reims vaisseaux & fustailles pour mettre vin procedant de leur crû, sans être tenus payer pour ce droit de Vicomté.

Taverniers demeurans ès Villes de poiture, ne doivent rien pour les verres, chandelles, nappes & autres ustancilles servans à leurs Tavernes, n'étoit qu'ils les achetassent en temps de Fusche-marche & qu'ils ne fussent Clercs : mais en tout temps doivent de ce qu'ils achetent pour distribuer & revendre en leursdites Tavernes.

De tous habits, vêtemens, affulures & chaussures, n'est rien deû par les acheteurs quels qu'ils soient, ou de quelque lieu qu'ils soient, s'ils ont vêtu, affulé ou chaussé lesdits habits, quand ils partent de ladite Ville de Reims.

Ceux qui ont repeus en quelque Hôtellerie ou Taverne, & reportent quelque chose du reste de la repeuë d'eux ou de leurs bêtes, soit foin ou autre chose qui excede le prix de ſix deniers pariſis, ne doivent pour ce rien pour droit de tournieu.

Toutes autres perſonnes, qui reſpectivement vendent ou achetent en ladite Ville de Reims ès termes de ladite Vicomté, ſont tenus pour raiſon des denrées & marchandiſes cy-après declarées, payer & acquitter ledit droit de tournieu tel qui s'enſuit.

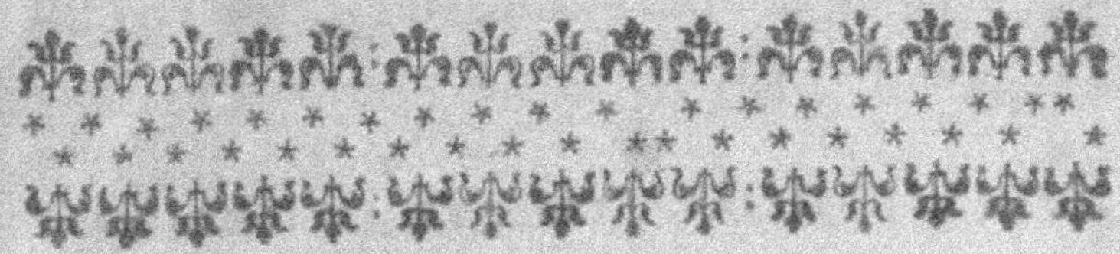

Des Marchandiſes qui doivent droit de Tournieu.

PREMIEREMENT.

Pelleterie.

LE cent de peaux de toutes ſauvagines, d'agneaux, de moutons ou brebis, ou autres peaux ſervans à pelleterie, doit deux deniers pariſis.

Le demy cent & au deſſus juſques au cent un denier pariſis.

Le quarteron & au deſſus juſques au demy cent ; & auſſi au deſſous juſques à une piece ſeule, excedant le prix de ſix deniers pariſis, doit obole pariſis.

Le tibre, doit obole pariſis.

Une penne, manteau ou peliſſon de toute ſauvagine, ſi elle eſt neuve, doit deux deniers pariſis.

Et ſi elle eſt vieille, doit obole pariſis.

Penne, manteau, peliſſon ou chaperon,

d'agneaux, soient vieilles ou neuves, doivent obole parisis.

Friperies, Draps, Linges & appartenances.

UNe Robbe doit un denier parisis.

Un Chaperon, doit obole parisis.

La douzaine de chausses, doit deux deniers parisis.

La demie douzaine, & au dessus jusques à la douzaine, un denier parisis.

Une paire seule, doit obole parisis.

Et ne monte plus haut jusques à la demie douzaine, qui doit un denier parisis, & non plus jusques à la douzaine, & ainsi de demie douzaine en demie douzaine.

Le cent pesant de vieils drapeaux, doit deux deniers parisis.

Le demy cent & au dessus jusques au cent, doit un denier parisis.

Le quarteron & au dessus jusques au demy cent, & aussi au dessous, s'il excede en prix six deniers parisis, doit obole parisis.

Le Marchand forain qui vend draps à la Foire à la Coûture, doit d'entrée deux deniers parisis, & ne doit point de tournieu du détail la Foire durant : mais s'il vend drap entier il doit un denier parisis.

Et ainsi

Et ainsi en montant de tous draps qu'il vendra entiers, du demy drap obole parisis : Et aprés la Foire à la Coûture il doit de chacune piece de détail obole parisis & du drap ou demy drap, comme dit est dessus.

Un pourpoint ou plusieurs jusques à la demie douzaine, doit obole parisis.

La demie douzaine & au dessus jusques à la douzaine, un denier parisis.

La douzaine de pourpoins, doit deux deniers parisis.

Chemises, draps à lits, couvrechefs, nappes, serviettes & toilles, une piece & au dessus jusques à la demy douzaine, doit obole parisis.

La demie douzaine & au dessus jusques à la douzaine, un denier parisis.

La coulte ou coultis à lit, ou à couchette, doit un denier parisis.

La coulte pour coussin, doit obole parisis.

Un sac, doit obole parisis.

La piece de toille, doit obole parisis.

La piece de serviettes, nappes ou toilles, combien qu'il y en ait plusieurs, ne sont reputez qu'un pour une piece, si elles se vendoient à ladite piece, mais si elles se detaillent & vendent par lopins chacune piece de détail, ſi elle excede huit deniers pariſis, doit obole pariſis.

Cuirs & Cordoüen.

LA douzaine de cordoüen, doit deux deniers pariſis.

La demie douzaine, & au deſſus jusques à la douzaine, un denier pariſis.

Et une peau par elle, & au deſſus jusques à la demie douzaine, obole pariſis.

La douzaine de bazannes, doit deux deniers pariſis.

La demie douzaine, & au deſſus jusques à la douzaine, un denier pariſis.

La piece & au deſſus, jusques à la demie douzaine, doit obole pariſis.

Cuirs tannez autres que les deſſuſdits, chacune piece, ſi elle vaut plus de ſix deniers pariſis, doit obole pariſis.

La tacre de Cuir à poil, doit deux deniers pariſis.

Le cent de peaux d'agneaux, & de brebis, doit deux deniers pariſis.

Le demy cent jusques au cent, doit un denier pariſis.

Le quarteron & au deſſus jusques au demy cent, & auſſi au deſſous jusques à une piece, si elle excede six deniers parisis, doit obole parisis.

Le septier d'escorces, doit deux deniers parisis.

La mine, un denier parisis.

Le quartel, obole parisis.

Souliers faits de Savetiers, appellez Souliers de la hart, doivent pour la paire obole parisis & non plus.

Graisses & Cires.

LA flacque de poix, doit obole parisis.

Le cent de cire, doit quatre deniers parisis.

Le demy cent jusques au cent, doit deux deniers parisis.

Le quarteron jusques au demy cent, doit un denier parisis.

Et au dessous obole parisis, & non plus.

Le cent d'oing de forement & sain en hollette, doit deux deniers parisis.

Le demy cent jusques au cent, doit un denier parisis.

Le quarteron & au dessus jusques au demy cent, & aussi au dessous dudit quarteron, obole parisis, & non plus.

Sain fondu ne doit rien.

Le cent de ſuif, deux deniers pariſis.

Le demy cent juſques au cent, doit un denier pariſis.

Le quarteron & au deſſus juſques au demy cent, & auſſi au deſſous dudit quarteron, obole pariſis, & non plus.

Le bacon de lard ſallé, doit un dernier pariſis.

La piece coupée, ſi elle vaut plus de ſix deniers pariſis, doit obole pariſis.

La ſomme d'oille à la ſomme de Chaſtillon, doit trois deniers pariſis.

La ſomme de Reims, doit deux deniers pariſis.

Le muy de miel au muy de Reims, doit deux deniers pariſis.

Au muy d'Auxerre, doit quatre deniers pariſis.

Le cent de formages de preſſe entiers, doit quatre deniers pariſis, & un formage.

Le demy cent & au deſſus juſques au cent, doit deux deniers pariſis.

Le quarteron, & au deſſus juſques au demy cent, doit un dernier pariſis.

Et au deſſous obole & non plus, & n'en eſt deû formage s'il ny en a un cent.

Plomb, Estain, & appartenances en masse & non ouvrés.

LE cent d'Estain non ouvré, doit quatre deniers parisis.

Le demy cent jusques au cent, doit deux deniers parisis.

Le quarteron & au dessus jusques au demy cent, doit un denier parisis.

Et au dessous, obole & non plus.

Le cent de plomb non ouvré, doit deux deniers parisis.

Le demy cent & au dessus jusques au cent, doit un denier parisis.

Le quarteron & au dessus jusques au demy cent, & aussi au dessous, doit obole parisis, & non plus.

Et s'il est ouvré ne doit rien.

Le cent de cuivre & de metail non ouvré, doit quatre deniers parisis.

Le demy cent jusques au cent, doit deux deniers parisis.

Le quarteron jusques au demy cent, doit un denier parisis.

Et au dessous dudit quarteron, s'il excede six deniers parisis, doit obole parisis.

Chaudronniers & Potiers de Cuivre.

LEs Chaudronniers & Potiers de Cuivre, doivent pour étalage durant la Foire à la Coûture, deux deniers parisis & non plus.

Et la Foire passée ils doivent de ce qu'ils achetent du cent pesant, quatre deniers parisis.

Du demy cent, & au dessus jusques au cent, doit deux deniers parisis.

Du quarteron & au dessus jusques au demy cent, doit un denier parisis.

Et au dessous, doit obole parisis, & non plus.

Laine, Fil & Chanvre.

LE cent de Laine, doit quatre deniers parisis.

Le demy cent & au dessus jusques au cent, doit deux deniers parisis.

Le quarteron & au dessus jusques au demy cent, doit un denier parisis.

Et au dessous dudit quarteron, s'il excede le prix de six deniers parisis, doit obole parisis, & non plus.

Le cent de Fil de Chanvre, de Laine ou de Lin, doit quatre deniers parisis.

Le demy cent & au dessus jusques au cent, doit deux deniers parisis.

Le quarteron & au dessus jusques au demy cent, doit un denier parisis.

Et au dessous dudit quarteron, s'il excede six deniers parisis, doit obole parisis.

Ceux qui amenent vendre Chanvre à Reims sur char, doivent quatre deniers parisis.

La charette, doit deux deniers parisis.

Le Cheval, doit un denier parisis.

La collée, doit obole parisis.

Le cent d'Eschets de Chanvre acheté à Reims, & mené hors, doit quatre deniers parisis.

Le demy cent & au dessus jusques au cent, doit deux deniers parisis.

Le quarteron & au dessus jusques au demy cent, doit un denier parisis.

Et au dessous, obole parisis.

Mais si le Chanvre acheté n'étoit en Eschets, ains étoit Chanvre mâle, l'Acheteur doit pour le Char, quatre deniers parisis.

La Charette, doit deux deniers parisis.

Le Cheval, doit un denier parisis.

La Collée, doit obole parisis.

Celuy qui vend fil à destail pour sa monstre, doit un denier parisis.

Le Forain qui vend lin, doit pour sa monstre un denier parisis.

Le cent de lignement, doit deux deniers parisis.

Le demy cent, doit un denier parisis.

Le quarteron & au dessous, s'il excede en prix six deniers parisis, doit obole parisis, & non plus.

Le cent d'estouppes, doit obole parisis.

Le cent de bourre de poil de Cerf, doit deux deniers parisis.

Le demy cent & au dessus jusques au cent, doit un denier parisis.

Le quarteron & au dessus jusques au demy cent, & aussi au dessous, s'il excede en prix six deniers parisis, doit obole parisis, & non plus.

Celuy qui amene vendre à Reims corde de thille sur un Char, doit deux eschets.

Et la Charette, doit un eschet.

La douzaine de sangles, doit deux deniers parisis.

Le demie douzaine & au dessus jusques à la douzaine, doit un denier parisis.

Et au dessous, obole parisis.

La douzaine d'Eſtamines, doit huit deniers pariſis.

La demie douzaine & au deſſus juſques à la douzaine, doit quatre deniers pariſis.

Une piece entiere, un denier pariſis.

Deux pieces, deux deniers pariſis.

Et ne montent plus haut, juſques à la demie douzaine, qui doit quatre deniers pariſis.

Une piece coupée, doit obole pariſis.

Mercerie.

LE cent de hanaps de fuſt, doit deux deniers pariſis.

Les hanaps de madre ne doivent rien.

Le Mercier forain qui porte tablette, doit pour chacune ſemaine obole pariſis.

Le Mercier qui vend à eſtail, doit pour ſemaine, obole pariſis.

Et ſi il vend peigne, doit pour ſemaine un denier pariſis.

Un cabas de figues, doit deux deniers pariſis.

Un cabas de raiſins, doit deux deniers pariſis.

Une caſſe d'amende, quatre deniers pariſis.

Une balle d'alun, doit deux deniers parisis.

Une carse de ris, trois oboles parisis.

Le Forain qui vend pommes de grenade, doit pour semaine, obole parisis.

Le Forain qui vend queuës à éguiser, doit pour semaine, un denier parisis.

Le Forain qui vend quenoüilles, s'il en vend jusques à une douzaine, doit une quenoüille.

Le Forain qui vend saces & coulés, s'il en vend jusques à une douzaine, doit un sace.

La douzaine de chapeaux de feustre, doit deux deniers parisis.

La demie douzaine & au dessus jusques à la douzaine, un denier parisis.

Et au dessous de la demie douzaine, doit obole parisis.

La douzaine de bonnets, doit deux deniers parisis.

La demie douzaine, un denier parisis.

Et au dessus jusqu'à la douzaine, doit un denier parisis.

Et au dessous, doit une obole parisis, & non plus.

Le cent de chapeaux d'estrain ou de thille, doit deux deniers parisis.

Le demy cent & au dessus jusques au cent, doit un denier parisis.

Et au dessous, s'il excede six deniers parisis, doit obole parisis, & non plus.

Le chapeau par luy, s'il excede six deniers parisis, doit obole parisis.

La douzaine de toyettes à sorciers & au dessous, doit obole parisis.

Une sarge ou un tapis pris à la trizande, doit un denier parisis.

Et en neufve ruë ou ailleurs, doit obole parisis.

Le char de chardons, doit quatre deniers parisis.

La charrette, doit deux deniers parisis.

Le cheval, doit un denier parisis.

La collée, doit obole parisis.

La grosse douzaine de tissus, doit deux deniers parisis.

La demie grosse, doit un denier parisis.

Et au dessous, doit obole parisis, & non plus.

Le cent de vin piere, doit quatre deniers parisis.

Le demy cent & au dessus jusques au cent, doit deux deniers parisis

Le quarteron & au dessus jusques au demy cent, doit un denier parisis.

Et au deſſous, doit obole pariſis, & non plus.

Le char de Senevé paré, doit quatre deniers pariſis.

La charette, doit deux deniers pariſis.

Le ſommier, doit un denier pariſis.

La collée, doit obole pariſis.

Le char de ſeneveuſe, doit quatre deniers pariſis.

La charette, doit deux deniers pariſis.

Le ſommier, doit un denier pariſis.

La collée doit obole pariſis.

Le cent de vuade, doit deux deniers pariſis.

Le cent de garance, doit deux deniers pariſis.

Le cent de cendres, un denier pariſis.

Le fais de verres, deux deniers pariſis.

Et au deſſous, doit obole pariſis.

Pots de terre & Godets.

LE char qui amene vendre à Reims, pots de terre & godets, doit deux deniers pariſis, & deux pieces de celles dont il aura plus ſur le char.

La Charette, doit un denier pariſis, & une piece.

Le ſommier & le collier, obole pariſis.

Fuzeaux & Vertillons.

LE Char qui amene vendre à Reims, Fuzeaux & Vertillons, doit quatre deniers pariſis.

La Charette, deux deniers pariſis.

Le ſommier, un denier pariſis.

Le collier, doit obole pariſis.

Le Char qui amene flaumeres, doit deux deniers pariſis, & une flaumere.

La Charette, doit un denier pariſis, & une flaumere.

Plumes.

LE lit, coulte & couſſin garny de plumes, doit trois deniers pariſis.

La coulte par elle, un denier pariſis.

Le couſſin fourny de plumes, doit obole pariſis.

Le cent de plumes, trois oboles pariſis.

Le demy cent & au deſſus juſques au cent, doit obole & denier pariſis.

Le quarteron & au deſſus juſques au demy cent, & auſſi au deſſous obole pariſis, & non plus.

Mairien & Fustailles.

EScuelles, plateaux & telle fustaille, le Char doit quatre deniers parisis.

La Charette, doit deux deniers parisis.

Le sommier, un denier parisis.

La collée, doit obole parisis.

Le Char qui amene Ozieres, doit quatre deniers parisis.

La Charette, doit deux deniers parisis.

Le sommier, doit un denier parisis.

La collée, doit obole parisis.

La douzaine de chayeres de fust, doit obole parisis.

Et au dessous, doit obole parisis.

Le Char qui amene mairien, doit un denier parisis.

La Charette, doit obole parisis.

Et quand il est fusche-marche, le Char doit cinq deniers parisis.

La Charette, deux deniers obole parisis.

Le Char qui amene & vend chevrons par les fusches-marches, doit un chevron ou douze deniers parisis à son choix.

Le Char qui amene planches, doit un denier parisis.

La Charette, doit obole parisis.

Et quand il eſt fuſche-marche, le Char doit deux planches.

Et la Charette une planche, ou pour chacune planche ſix deniers pariſis, au choix du Debteur.

Le Char qui amene doubies, banches, rais & aunes, un denier pariſis.

La Charette, doit obole pariſis,

Et quand il eſt fuſche-marche, doit cinq pieces, ny des meilleurs ny des moindres.

Et la Charette trois pieces

Le Char qui amene lates, doit un denier pariſis.

La Charette, doit obole pariſis.

Et quand il eſt fuſche-marche, le Char doit cinq lates.

Et la Charette trois lates.

Le char qui amene aiſſis, doit deux aiſſis & un denier pariſis.

La charette, un aiſſi & obole pariſis.

Le char qui amene cerceaux, doit quatre deniers pariſis.

La charette, doit deux deniers pariſis.

Un eſcrain ferré, doit deux deniers pariſis.

Un coffre, doit un denier pariſis.

Un eſtuy, doit obole pariſis.

Une huche, doit obole parisis.

Un tonneau, une queuë, un poinson, chacune piece doit obole parisis.

Le char qui amene buches, doit deux buches quand il est estaplé au marché au blé ou au marché aux draps.

La charette, une buche.

Le char qui amene ramons, doit quatre ramons.

La charette, deux ramons.

Le collier, un ramon.

Chacune piece de nau, doit une obole parisis.

Bestes visves.

UN cheval, une jument, une mule ou un mulet, chacun doit quatre deniers parisis.

Un asne, doit obole parisis.

Un bœuf, doit un denier parisis.

Une vache, doit obole parisis.

Un pourceau, doit obole parisis.

La douzaine de moutons doit quatre deniers parisis.

Les six moutons & au dessus jusques à douze, deux deniers parisis.

Et au dessous, doit obole parisis.

Fruit,

Fruit, Foin, Vin & Verjus.

LE char qui amene vendre à Reims Fruit, Foin, Vin & Verjus, doit quatre deniers parisis.

La charette, doit deux deniers parisis.

Le sommier, doit un denier parisis.

La collée, doit obole parisis.

Et n'en sont exempts les demeurans ès Villes de poiture, s'ils ne sont Nobles ou Clercs, & que ce soit de leur crû ou pour leur user.

La piece de Vin venduë en gros, doit deux deniers parisis, à prendre sur le vendeur.

Et quant au Vin acheté & mené hors, le char doit quatre deniers parisis.

La charette, doit deux deniers parisis.

Ceux qui amenent vendre à Reims Oignons, doivent pour le char un cent d'Oignons.

Pour la charette, demy cent d'Oignons.

Pour le sommier & pour la collée, doit obole parisis.

Et il y a en ladite Vicomté mesure propre, qui servoit anciennement au fait desdits Oignons, quand on les vendoit à mesure.

Grain, Pain & Gruis.

LE char qui amene vendre à Reims Grain, Pain ou Gruis, ou ramené hors, doit quatre deniers parisis.

La charette, doit deux deniers parisis.

Le sommier, doit un denier parisis.

La collée, doit obole parisis.

Fer & Acier.

LE char qui amene vendre à Reims Fer, doit quatre deniers parisis.

La charette, doit deux deniers parisis.

Le sommier, doit un denier parisis.

Le collier, doit obole parisis.

Ceux de la Ville de Reims & de dehors, qui au temps des moissons vendent faucilles, doivent chacun an une faucille, & est tenu le Vicomte livrer les estaux.

Le tonnelet d'acier, si on le vend en gros, doit deux deniers parisis.

Et si on le conte, chacune trentiéme doit obole parisis.

La paire de ferrures de rouës venduës en gros, doit obole parisis.

Et l'acheteur qui enmene hors de Reims, les denrées dessusdites sur un char, le char chargé, doit quatre deniers parisis.

La charette, doit deux deniers parisis.

Le sommier, doit un denier parisis.

La collée, doit obole parisis.

La somme de cloux amenée & venduë à Reims, doit trois deniers obole parisis.

La meule à moulin, six deniers parisis.

Et celle à Orfevre ou à Maréchal, doit obole parisis.

D'un Char ou Charette qui n'a Charge convenable, ne payera que pour portion.

LEs articles faisans mention de mener Marchandises sur char ou charette, tant en ce chapitre qu'ès autres chapitres, s'entendront quand il aura charge convenable pour char ou pour charette, autrement payera l'acheteur le droit de Vicomté, en ayant regard à la Marchandise, & non aux chars ou charettes; & si plusieurs mettoient ferrures ou autres Marchandises sujettes à Vicomté sur char ou charette: chacun devroit avoir regard à ce qu'il y auroit, & non ausdits chars ou charettes, tellement que si plusieurs avoient pelleterie, ferrures ou autres Marchandiſes ſur un char chargé de Vin ou autres Marchandiſes appartenantes à une autre perſonne, ils ne payeront ſinon autant que ſi leurs Marchandiſes étoient portées à col. Et par tout où il eſt cy-deſſus ou cy-après fait mention de collée ; par ce eſt entendu tout ce qui ſe porte autrement qu'à char, charette ou ſommier en quelque petite quantité que ce ſoit, ſi la denrée excede en prix principal ſix deniers pariſis.

Poiſſon de Mer.

LE cent de vuippes, doit quatre deniers pariſis & un poiſſon.

Le cent de macquereaux, doit quatre deniers pariſis & un poiſſon.

La ſomme de moruë, doit deux ſols pariſis.

La ſomme d'aigrefins, deux ſols pariſis.

La ſomme d'alozes, deux ſols pariſis.

Le cent d'alozes, trois oboles pariſis.

La ſomme de pleys, doit un denier pariſis.

Un porc de mer, doit un denier pariſis.

Le Forain qui achete poiſſon ſallé, la collée, doit obole pariſis.

La tonne de harangs blancs venduë en gros, doit deux deniers parisis.

Le harans soit blanc ou sor qui se vend par compte, doit le millier de... deniers parisis.

Le demy millier & au dessus jusques à un millier, doit un denier parisis.

Et au dessous, doit obole parisis.

Poisson d'eau douce.

LE cent d'anguilles, doit quatre deniers parisis, & une anguille.

Le demy cent & au dessus jusques au cent, doit deux deniers parisis.

Le quarteron & au dessus jusques au demy cent, doit un denier parisis.

Et au dessous, obole parisis, & non plus.

Le char qui amene autre poisson, doit quatre deniers parisis.

La Charette, doit deux deniers parisis.

La somme, doit un denier parisis.

La collée, doit obole parisis.

Des termes de la Vicomté.

TOus ceux qui ne sont privilegiez & exempts dudit droit de tournieu, qui achetent ou vendent les denrées & marchandises dessus declarées, sont tenus avant passer hors des termes de ladite Vicomté en faire les acquits tels, sur peine de l'amende, & ainsi que devant est écrit. Et s'ils sont trouvez hors desdits termes par les Sergens de ladite Vicomté, lesdits Sergens les peuvent arrêter & ramener en la maison de ladite Vicomté, pour être contraints à satisfaire dudit droit de tournieu, & de l'amende par eux encouruë.

Et sont les termes de ladite Vicomté quant à la forfaiture de ladite amende, & de pouvoir faire lesdits arrêts du côté des Porte de Dieu-lumiere & Fléchambaut; en la ruë du Barbâtre une pierre où jadis souloit avoir une Croix un peu outre la Porte Bazée, environ le coin de la ruë par laquelle on va à la Croix sainte Bove du côté des Augustins, où est mise une Borne ou enseigne de trois pieds haut, pour designer ledit terme: & en neufve ruë, ledit terme est en la Borne étant près le Convent du val des écolliers, laquelle separe la Terre de Saint Remy contre celle de l'Archevêché.

Et quant aux autres Portes, lesdits termes sont les premiers Ponts levis desdites Portes du côté de la Ville.

Et neantmoins est à sçavoir que si aucun Marchand Forain sujet audit droit de tournieu, vend dedans la Terre & Jurisdiction dudit Seigneur Archevêque, à un qui soit demeurant en ladite Ville de Reims hors les termes dessus designez, ailleurs toutesfois qu'en la Vicomté de Saint Remy ; vin, bois, foüées, mairien, foin ou autre marchandise qui se mene à charroy, il la poura mener en la maison de l'acheteur : & ne sera tenu ledit vendeur l'acquitter si bon ne luy semble jusques à ce qu'il aura déchargé en la maison dudit acheteur : mais après qu'il aura déchargé ladite marchandise, il sera tenu la venir acquitter ledit jour. Et s'il se part hors de ladite Ville, & il est trouvé hors les limites ledit jour sans avoir acquitté, il sera tenu de payer ledit droit de tournieu & l'amende.

S'ensuivent les moms des Villes appellées Villes franches.

COurcelles lès-Reims.
Saint Brice.
La Neufville lès-Reims.
Cormicy.
La Neufville lès-Cormicy.
Sappigneul.
Aguillicourt sur Aixne.
Vrigny à la Montagne.
La Ruë des deserts de Marsilly.
Les demeurans en la terre du Trésor, à Villers-Francqueux.
Taincqueux.

Cy-aprés s'ensuivent les noms des Villes qui payent poiture à Monsieur de Reims.

PREMIER.

A

AUssonce.
Ardenay.
Auberive.

B

Burigny.
Branssecourt.
Bertricourt.
Boul sur Suippe.
Bermericourt.
Boüilly.
Betheny.
Bourgogne.
Brimontel.
Blavigny.

Beaumont.
Baconne.
Bezannes.
Bazancourt.
Bruëil.
Beine.
Berru.
Brimont.

C

Cormontreüil.
Champigny.
Courmelois.
Caurel lès-Lavannes.
Chenay.
Courville.
Coulomnes en la Montage.
Courcy.
Cauroy lès-Hermonville.
Cruny.
Champfleury.
Courcelles lès-Ronnay.
Courtagnon.
Cernay lès-Reims.

E

Eſpoye.
Eſpinoy.

F

Faverolles.
Fleury en la Montagne.
Fresne.

G

Germigny en la Montagne.
Germigny pend la pie lès-Machaux.
Gueux.

H

Hendreziville & Saint Masme.
Hermonville.
Haourges.

I

Isle.
Jonchery sur Vesle.
Janvry.

L

Lavanne.

Livry.
Louvercy.
Le Meſnil lès-Eſpinoy.
Les Magneux lès-Reims.
La Bricongne.
Loivre.
Les Loges Saint Baſle.
Ludes.

M

Montigny ſur Veſle.
Mombret.
Monronvilliers.
Mourmelon le petit.
Muyſon ſur Veſle.
Mourmelon le grand.
Mont Saint Remy.
Mont Saint Pierre.
Mery.
Marfault.

N

Namptuëil la Foſſe.
Neufville devant Pommacle.
Nogent l'Abbeſſe.
Nogent en la Montagne.

O

Orainville.
Ormes.
Onrezy.

P

Proüilly.
Pargny.
Pevy.
Pauvre.
Puiseux.
Prunay.
Pommacle.
Pont-Favergier.
Prosne.

R

Ruffi.
Rocquignicourt.
Ronnay.
Rilly.
Chigny.
Rommains.

S

Saint Eſtienne.
Saint Thiery.
Saint Lienard.
Sept-Saulx.
Sillery.
Sainte Freze & Clairiſel.
Sacy en la Montagne.
Savigny.
Selles.
Saint Hillier le Meniſſier.

T

Troiſpuits.
Thuiſy.
Thillois.
Tramery.
Trigny & Chaalons ſur Veſle.
Taiſſy.
Tourizel.
Treſlon.

V

Villers-Marmery.

Vuitry.
Villers Francqueux.
Venduëil.
Villedommange.
Venthelay.
Villers lès-Sainte Freze.
Veez les Thuisy.
Verzy.
Villers-Allerand.
Vuarmeriville.
Verzenay.
Mailly.
Villers aux Neuds.

Lesquelles Poitures sont du Domaine de ladite Vicomté : mais dès long-temps a les predecesseurs dudit Seigneur Archevêque les ont fait recevoir par le Receveur temporel dudit Archevêché.

Vuinaige & Travers.

AUdit Seigneur Archevêque, à cause de ladite Vicomté, appartient un autre droit appellé vuinaiges ou travers, qui est tel, que de toutes denrées, marchandises & autres choses cy-après declarées, qui ſont traverſées par le grand chemin, conduiſant de Reims au Bacq, entre la Ville de Reims & le Moulin à vent de Thil étant ſur ledit grand chemin : ou par le grand chemin conduiſant de Reims à Vaulx-deſtrés entre Reims & la fin du terroir de Cernay, ou par les Villes & terroirs de Nogent ou Beine, ou par le grand chemin conduiſant de Reims aux deux Maiſons, entre la Ville de Reims & la motte, étant près la Maiſon & Cenſe de Pouvray, ou par les autres chemins & détroits accoûtumez d'ancienneté, eſt deu droit de travers, comme il ſera cy-après declaré.

A la Vicomté de Reims ſe cuëille ledit droit de travers de ce qui eſt traverſé par ladite Ville, & de ce qui eſt traverſé hors la Ville dudit Reims, y a Commis de par le Vicomte de Reims, pour recueillir ledit droit ès Villages de Sillery, Cernay, Nogent : Beine, la Neufville lès ledit Reims, Villers ſainte Anne, ſaint Thiery, Thil & Poüillon. Et qui traverſe leſdits chemins ou autres détroits ſans acquitter ledit droit de travers, il en chet en amende de ſoixante ſols pariſis envers ledit Seigneur Archevêque ou ſon Vicomte, & s'il eſt tenu payer ledit droit de travers.

Et

Et est à sçavoir qu'en l'an y a deux quinzaines, durant lesquelles pour le vuinaige au travers est deu plus grand droit qu'en autre temps : comme cy-après sera declaré, dont l'une des quinzaines commence le Mardy après la Saint Martin de Boüillon à minuit, & dure quinze jours. Et l'autre quinzaine commence le jour de la Commemoration des Trépassez à minuit & dure autres quinze jours.

S'ensuivent les Denrées, Marchandises, & autres choses desquelles est deu ledit droit de travers.

LE char qui mene graisse, cire, miel ou avoir de poix qui s'ensuivent, c'est à sçavoir, suif, chanvre, rix, poivre, gingembre & toutes espiceries, graines de paradis, plumes, baterie en fourrure, oing ou lard, doit deux sols parisis.

La charette, doit douze deniers parisis.

Le Cheval à somme, doit six deniers parisis.

Lits pour vendre ne sont point estimez pour avoir de poix, combien qu'ils soient plains de plumes, mais s'acquittent comme les choses contenuës en l'article subsequent.

Le char qui mene Vin, laines, linges, lits, fillets, toilles, vuades, garence, poiſſon, acier, fer, cuivre, airain, eſtain, cuir, peaux, pelleterie, mercerie meſlée, figues, raiſins, ſuccre, ſerge, tapis, oſtades, oſtadines, draps d'or, draps d'argent, draps de velours, draps de ſoye, draps de laine, moruë, harangs, ſaumons, macquereaux ſallés, & autres poiſſons de mer, batterie ferrée ou meulle à moulin, doit douze deniers pariſis.

La charette, doit ſix deniers pariſis.

Le ſommier, doit trois deniers pariſis.

Mais toutesfois ſi aucuns allans aux fêtes & nopces portans étain, batterie ou autres meubles en petite quantité pour donner aux nouveaux mariez ou autres, ſans fraude, ne ſeront tenus dudit droit de travers, combien qu'ils traverſent par leſdits chemin & autres détroits.

Le char qui mene grain, pain, fuſtaille, fruit, flannieres, pots de terre & godets, mairien à vin, formages de vuain & de preſſe, doit huit deniers pariſis.

La charette, quatre deniers pariſis.

Un cheval à d'eſtré, une jument, une mulle ou un mulet, doivent chacun quatre deniers pariſis.

Un asne ou asnesse, doit trois oboles parisis.

Le broutier & le collier, doivent une obole parisis.

La douzaine de bœufs, vaches, porcs, moutons, brebis, agneaux & autres bêtes à pied fourché, doit quatre deniers parisis.

La demie douzaine & au dessus jusques à la douzaine, deux deniers parisis.

Et au dessous de ladite demie douzaine, doit un denier parisis.

Ledit droit de travers est deu comme dit est dessus, de ce qui est traversé durant l'année, excepté durant des deux quinzaines dessusdites que l'on appelle les gros travers, dont l'une commence le Mardy après la Saint Martin de Boüillon & dure quinze jours : & l'autre commence le jour de la Commemoration des ames à minuit, & dure quinze jours comme dit est.

Durant lesquels gros travers, les denrées ou marchandises, dont le char doit deux sols parisis, en autre saison, si elles vont en Champagne ou en reviennent, doivent pour ledit char quatorze sols parisis.

Pour la charette, sept sols parisis.

Pour le sommier, seize deniers parisis.

Et les denrées qui payent en autre saison

douze deniers parisis pour char, doivent pour char, sept sols parisis.

La charette, trois sols six deniers parisis.

Le cheval qui porte somme, doit huit deniers parisis.

Le broutier & le collier, doit trois oboles parisis.

Un cheval à d'estré, une jument, un mulet ou une mulle, doit huit deniers parisis.

Un asne ou une asnesse, doit trois deniers parisis.

Autres Droits appartenans audit Seigneur Archevêque, à cause de sa Vicomté.

CHacun Habitant dudit Reims, non bourgeois du corps de l'Eschevinage, habitans aussi des Faux-Bourgs de Porte-Chacre, Clemarest & Vrilly, non Clerc ou Noble, est tenu & redevable chacun an au jour Saint Martin, de trois deniers de vente qui doivent queste, lequel droit se cueille communement entre la Saint Martin & Noël : & les defaillans à payer ledit droit,,après qu'ils en ont été requis de par le Vicomte ou son commis à recevoir ledit droit, sont tenus d'amande de quatre deniers parisis & à payer ledit droit. Pour lesquels droits & amande le Sergent de la Vicomté peut faire execution des meubles appartenans audit redevable, en ayant par luy obtenu assistance des Mayeurs, ou autres Officiers des Justices, autres que dudit Seigneur Archevêque.

Dudit droit sont francs & exempts les Eschevins dudit Reims, les Bourgeois du corps de l'Eschevinage dudit Reims, les Clercs, Nobles, ouvriers de navette, les moniers, les francs Sergens de Chapitre de Reims, les Bourgeois à Chanoines, Bouchers, Cordonniers & Bourgeois de Vidasme dudit Reims.

Des Bouchers de Reims.

Chacun Boucher vendant chair à la boucherie de Reims, est tenu chacun an envers ledit Seigneur Archevêque, de trois deniers parisis, à payer un à Pâques, un autre à la Pentecôte, & le tiers la nuit de Noël, & ce sans queste.

Des Revendeurs de Sel.

Les Revendeurs de Sel par le menu en la Terre dudit Seigneur Archevêque, doivent chacun an au jour du my Carême, douze deniers parisis, & doivent queste.

Ceux qui vendent Huilles.

Ceux qui vendent Huilles audit Reims en la Juriſdiction de Mondit Seigneur l'Archevêque, ſont tenus chacun an, le jour des Cendres, apporter leurs Meſures à la Vicomté de Reims, pour les ajuſter, & pour ce doivent chacun d'eux un denier pariſis.

De crier le Vin.

LEdit Seigneur Archevêque à cauſe de ſadite Vicomté de Reims, a droit de faire crier par ſes Officiers de la Vicomté, le Vin qu'on vend à détail en ladite Ville de Reims, en la Seigneurie & Juriſdiction dudit Seigneur; & a pour ſon droit ledit Vicomte un pot de Vin ou l'argent d'un pot de Vin au prix qu'il a été crié, au choix du deteur: lequel droit ledit Vicomte a coûtume bailler à ferme à aucuns de ſes Sergens.

Des Meſures de Reims.

LEdit Vicomte a droit d'ajuſter toutes meſures & poids en la Terre & Seigneurie dudit Seigneur Archevêque, &

quand les Poids ou Mesures d'aucuns Marchands sont pris par Justices pour sçavoir s'ils sont bons & justes, on les doit apporter en la Maison de ladite Vicomté, & ajuster aux Poids & Mesures qui y sont; & s'ils sont trouvez justes, sont renduës à la partie sans frais, & s'ils sont trop petits, ils sont confisquez au Vicomte, & s'ils sont trop grands n'y a confiscation, mais sont ajustés & renduës aux parties. Et quant aux amandes duës pour lesdites mesures, soient trop grandes ou trop petites, elles appartiennent au Prevôt, & ne sont de la ferme de ladite Vicomté.

Le quartel à blé, tient quatorze quartes.

Le quartel à avoine, à pois, à feves & à orges, tient dix-sept quartes.

Le cenevé, pois, vesses & menuës semailles, se mesurent au quartel à l'avoine.

La mesure à oignons, tient huit quartels à blé, un oignon sur le bord.

La mesure à noix, à caurines & à pommes, est un ennelet qui tient bien un large quartel à avoine.

La mesure d'un septier de charbon, tient huit quartels de blé à comble; & pour ajuster la mesure, le Vicomte a droit d'un septier de charbon.

Les fiens qui se font au marché au blé, appartiennent au Vicomte, à la charge de tenir le marché net.

Item mondit Seigneur à cause de ladite Vicomté, a droit de composer ou avancer les Habitans dudit Reims non Bourgeois, qui veulent être du nombre & corps de l'Eschevinage de Reims, & moyennant ce, ils sont Bourgeois, & joüissent des privileges dont les autres Habitans Bourgeois dudit Reims, ont accoûtumé de joüir de toute ancienneté.

AUTRES ORDONNANCES DE LA VICOMTÉ

Et pour ôter les abus qui se pouroient commettre à l'exercice, cueïllette & poursuitte des droits de ladite Vicomté, ont été par ledit Seigneur Archevêque, faites & constituées, les Ordonnances qui s'ensuivent.

PREMIEREMENT.

QUE les Fermiers de ladite Vicomté qui sont & seront le tems à venir, ayans à recevoir les droits de ladite Vicomté par eux en leurs personnes, ou par gens entendus & raisonnables, qui puissent avertir desdits droits ceux qui viendront à eux pour acquitter.

Que les Fermiers interrogent ceux qui ne doivent rien ou qui doivent.

Item que celuy qui recevra ledit droit, ait à interroger ceux qui viendront pour acquitter, & ne seront certains de ce qu'ils doivent, du lieu dont ils sont, s'ils sont Nobles ou Clercs, & si ce qu'ils ont vendus vient de leur crû, ou ce qu'ils ont acheté est pour leur user, ou pour donner sans fraude : & s'il trouve qu'ils ne doivent rien, qu'il les renvoye, & leur dise qu'ils ne doivent rien, sans les delaisser incertains & en doute.

De rendre le change en payant à ladite Vicomté.

Item pour ce que les droits de ladite Vicomté consistent en deniers & oboles parisis, & que les redevables n'ont toûjours monnoye à point pour payer justement ce qu'ils doivent, ordonné est ausdits Fermiers ou à leurs Commis, qu'aux dessusdits ils rendent change si possible est, qu sinon qu'ils leur baillent quelque petite enseigne autre que celle qu'ils ont accoûtumé bailler pour l'acquit principal : laquelle enſeigne denotera ce qui aura trop été payé, & en icelle rapportant ou faiſant rapporter en ladite Vicomté, elle vaudra payé & acquit de ce qu'elle denotera, & ne pouront les Sergens de ladite Vicomté qui ſeront aux portes, prendre ny retenir ladite petite enſeigne.

Que le Marché ſoit fourny de Meſures.

Item que leſdits Fermiers de ladite Vicomté fourniſſent le marché de creſtes, quartels & meſures à ſuffiſance, pour meſurer le grain que l'on y amenera vendre, ſur peine en leur defaut de recouvrer ſur eux par les Marchands qui y ameneront vendre grain, leurs dépens, dommages & interêts.

Des Meſureurs de Grain.

Item que les Meſureurs, Sergens ou Valets de ladite Vicomté, entendent diligemment à meſurer ledit grain bien & loyallement, tant au profit du vendeur que de l'acheteur ; & en ce faiſant qu'ils empliſſent le quartel, le ruiſſellent & jettent au ſac du Marchand acheteur, ſans prendre autre droit ou profit que le droit d'eſtellage, tel que declaré eſt deſſus : même qu'ils ne prennent argent ou autre choſe pour emplir ledit quarrel, & après qu'il eſt ruiſſelé, le jetter & vuider au ſac, ny autrement ſous quelque couleur que ce ſoit ; ſuppoſé que les vendeurs ou acheteurs dudit grain s'offrent de leur en donner liberalement aucune choſe. Et ce ſur peine de rendre & reſtituer ce qu'ils en auront pris & quadruple, & d'en être punis corporellement & publiquement ou autrement, comme il appartiendra par raiſon.

Des Sergens ou Valets.

Item que leſdits Sergens ou Valets ne levent aucune choſe de quelques gens que ce ſoit, ſous nom ou couleur de veilles ny autrement.

Item quand ils arrêteront quelqu'un ès paſſages & détroits de ladite Vicomté, pour défaut d'avoir acquitté leſdits droits, que avant l'empriſonnement, ils le menent tout droit à ladite Vicomté.

Item qu'eſdits détroits & paſſages ils n'arrêtent, moleſtent ou travaillent les gens des Villes franches, ny ſemblablement les Nobles, Clercs ou demeurans ès Villes de poiture, pour ce qu'ils auront vendus & affirmeront être de leur crû, ou pour ce qu'ils auront acheté & affirmeront être pour leur user, selon ce que dessus est declaré. Et aussi qu'ils n'arrêtent ou molestent quelques personnes pour autre denrée que celles qui sont dessus exprimées : & que sous ombre de ce ils n'exigent par menaces ou contrainte, & ne prennent par don ou autrement directement ou indirectement, argent, vin, ny autre chose quelconque, sur peine de le restituer en quadruple, & d'être punis publiquement, comme concussseurs & larrons.

Des Sergens du Vicomte.

Item & afin que les Fermiers de ladite Vicomté pourvoient à ne commettre aucuns Sergens ou Valets qu'ils ne soient receans & fideles. Ordonné est que lesdits Fermiers seront tenus des faits desdits Sergens, & autres leurs Commis, quant à la restitution & interêts civils des parties, quand lesdits Sergens ou Commis n'auroient de quoy pour satisfaire.

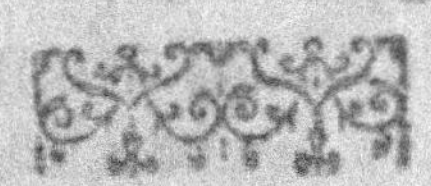

L'Accord desdits Droits.

CE fut fait & accordé entre les parties, s'il plaît au Roy, & à la Cour de Parlement, le vingt-quatriéme jour du mois d'Octobre, l'an mil cinq cent vingt-deux. Ainsi signé, Robert Archevêque Duc de Reims, Jean de la Fontaine Lieutenant de la Capitainerie de Reims, Jean Pioche Procureur des Habitans de Reims, Nicolas Govion Prevost de l'Echevinage, Gerard Florimer Receveur des deniers communs, Maître Martin Chuffet Esleu de Reims, Jean de Serval Marchand, Nicolas Fore Marchand, Maître Hubert Cauchon Escuyer Seigneur de Sillery, Maître Jacques Fremin Bailly de Chasteau & Echevin dudit Reims, & Nicolas Berieu Escuyer Grenetier de Cormicy.

DEpuis cedit present Accord fait & signé, iceluy accord a été présenté à la Cour de Parlement, pour iceluy homologuer : laquelle Cour n'a voulu ce faire, pour ce qu'iceluy traité n'étoit reconnu & passé pardevant Notaires, pourquoy le dernier jour du mois de Decembre, l'an mil cinq cens vingt-deux iceluy accord a été passé par forme de translation par mondit Seigneur de Reims, & par les Habitans de ladite Ville assemblez en leur Hôtel de Ville, grossoyé de la main de Nicolas Belle Jeune & signé, & aussi signé de Gerard Charpentier, tous deux Notaires Royaux au Bailliage de Vermandois.

Des tributs & amandes que l'on levoit auparavant l'Accord.

CE present Livre & les semblables contenans l'accord fait par les Habitans de Reims, avec Monseigneur l'Archevêque Duc dudit Reims, pour les droits appartenans à la Vicomté d'icelle Ville, & pour les amandes deuës par faute de non acquitter iceux droits ont été faits en l'an mil cinq cent vingt-deux. Et la poursuitte des procez commencée par Jean Pioche Procureur des Habitans d'icelle Ville dés l'an mil cinq cent douze, & continuée par ledit Pioche jusques au jour dudit accord : en laquelle poursuitte tant a été procedé en la Cour de Parlement, que les parties avoient baillez leurs faits & raiſons par écrit, & acceptez pour Commiſſaires à faire leurs enquêtes, l'un des Conſeillers de ladite Cour : & les cauſes principales de ladite pourſuitte avoient été pour ce qu'indifferemment de toutes choſes achetées ou venduës audit Reims par Forains non Privilegiez, aucuns Fermiers qui ont tenu puis vingt ans ladite Vicomté, en vouloient exiger quelque tribut & amande de ſoixante ſols pariſis par faute de le payer.

Item ſous ombre que leſdits Fermiers diſoient avoir droit de lever de toute marchandiſe qu'on vend ou achette au cent, quatre deniers pariſis du cent, & une obole pariſis de la piece, ils prenoient quand il n'y avoit de telle marchandiſe juſques à un cent, obole pariſis de chacune piece, ſous ledit cent, tellement que de neuf pieces ils prenoient plus que d'un cent & de dix-huit pieces plus que de deux cens.

Item levoient tribut de toute eſpicerie qu'on vendoit ou achetoit audit Reims, & amande de ſoixante ſols pariſis par faute d'en faire l'acquit.

Item ſous ombre qu'ils maintenoient avoir tribut ſur les formages de preſſe, ils levoient ledit tribut de tous autres formages

formages & amande de soixante sols parisis.

Item levoient de chacun char d'oignons quatre cens, & pareille amande que dessus.

Item levoient semblable droit d'un char chargé seulement d'un barreau de fer ou d'autres marchandises, comme s'il y eût eu pleine charge de l'une desdites marchandises; & s'il y avoit de plusieurs sortes de marchandises, ils levoient de chacune quatre deniers parisis du char. Et s'il y avoit d'une seule sorte de marchandise appartenante à plusieurs personnes, ils faisoient payer à chacun quatre deniers parisis, supposé que tout fût sur un char, & que le char de telle marchandise ne deût que quatre deniers, & toûjours amande de soixante sols parisis à faute de payement.

Item faisoient payer de tous habillemens que les Forains avoient vétus, chaussez ou affulez, quelque tribut & amande de soixante sols parisis pour faute du payement.

Item levoient pareil droit sur servoise & sur citre que sur vin, & amande de ſoixante ſols pariſis en faute d'en faire l'acquit.

Item levoient les Valets de ladite Vicomté outre le droit d'eſtellage quelque argent pour leurs peines de meſurer, & n'avoient autres gages deſdits Fermiers, & en pouvoient lever par l'an plus de deux cens livres pariſis. Et ſi levoient iceux Sergens droit de veilles, ſous ombre de quoy ils levoient chacun an plus de cinquante livres pariſis, & faiſoient pluſieurs travaux au peuple.

Item levoient leſdits Fermiers au lieu d'une obole pariſis un denier tournois, au lieu d'un denier pariſis deux deniers tournois, au lieu de deux deniers pariſis trois deniers tournois, qui étoit levé de cinq, huit; & ſi levoient de toute mercerie indifferemment quelque tribut, & toûjours amande de ſoixante ſols pariſis par faute d'acquit : & tellement que tous marchands & autres gens craignoient à acheter ou vendre aucune choſe audit Reims, & pour ce qu'on connoiſſoit clairement que ſi leſdites exactions euſſent eû durée, ladite Ville étoit en danger de tomber en ruine. Pour à quoy obvier, ledit Pioche après pluſieurs informations par luy faites desdites exactions & Procés commencez en divers lieux, se seroit en la compagnie de plusieurs notables personnages, Nobles, Conseillers & Marchands, tiré par devers ledit Seigneur Archevêque, & luy remontre bien au long & par plusieurs fois lesdites exactions, qui benignement les avoit ouy. Et finalement aprés plusieurs autres remontrances & gens deleguez d'une part & d'autre, à voir & enquerir desdits differens, ont été faites & accordées, les choses contenuës en cedit present livre & ès semblables.

CY finissent les Ordonnances des droits deus par les Marchands, tant en achetant comme en vendant marchandises à la Ville de Reims, à tres-Reverend Pere en Dieu Monsieur l'Archevêque Duc de Reims, Abbé de Saint Remy, & premier Pair de France à cause de sa Vicomté d'icelle Ville de Reims, & pour les amandes deuës à faute de non acquitter iceux droits, lesquels furent accordez par ledit Seigneur, & les Manans & Habitans, & Jean Pioche Procureur d'icelle Ville, le dernier jour du mois de Decembre l'an mil cinq cens vingt-deux : & furent homologuées par la Cour de Parlement, le dix-huitiéme jour du mois de Mars audit an mil cinq cent vingt-deux. Et furent achevées d'imprimer le vingt-troisiéme jour du mois de Mars l'an mil cinq cens vingt-quatre, par Jacques Niverd Imprimeur & Libraire demeurant à Paris, en la ruë de la Juifrie, à l'image Saint Pierre, & à la premiere Porte du Palais.

CE present livre contenant les droits de la Vicomté de Reims, a été fait, accordé & signé en l'an de grace mil cinq cens vingt-deux, par Monsieur Robert par la grace de Dieu Archevêque Duc de Reims, Abbé de Saint Remy, & premier Pair de France. Et par Jean Pioche Procureur des Habitans dudit Reims, & autres Commis & deleguez à ce faire par lesdits Habitans. Et ont été faits deux autres semblables livres en parchemin, dont l'un est deposé au Cartulaire dudit Archevêché, & l'autre au Cartulaire de ladite Ville.

TRANSACTION FAITE

Entre Monseigneur CHARLES MAURICE LE TELLIER Archevêque Duc de Reims, premier Pair de France &c. & les Lieutenant, Gens du Conseil & Echevins de ladite Ville, le 23. Juillet 1703. homologué en Parlement, le 8. Mars 1704.

PArdevant les Notaires Royaux demeurans à Reims soussignez, furent presens Monsieur Maître François Noblet Conseiller du Roy au Presidial de Reims, & Maire des Habitans de la Ville dudit Reims, & Maître Hubert Deperthes Avocat au Parlement, Conseiller & Procureur du Roy & de ladite Ville fondez de Conclusion des Gens du Conseil d'icelle en datte du seize du present mois de Juillet mil sept cent trois, signé *Graillet*, une expedition de laquelle eſt demeurée jointe à la minute des preſentes, aprés avoir été paraphée deſdits Srs. Noblet & Deperthes, & à leur requiſition, des Notaires ſouſſignés, & encore ledit Sieur Noblet ſe portant fort pour Vincent Favreau Bourgeois de Reims, & fondé de ſon pouvoir ainſi qu'il a dit, par lequel Favreau il promet de faire ratifier dans le mois ces preſentes, & les Sieurs Jacques & Thomas Vanin freres, Pierre & Jean Châlan freres Marchands demeurans audit Reims Fermiers des droits domaniaux de l'Archevêché, & de l'Abbaye de ſaint Remy de Reims, leſquelles parties eſdits noms ont tres reſpectueuſement repreſenté à Illuſtriſſime & Reverendiſſime Seigneur Monſeigneur CHARLES MAURICE LE TELLIER Archevêque Duc de Reims, premier Pair de France, Commandeur de l'Ordre du ſaint Eſprit, Abbé Commandataire de l'Abbaye de ſaint Remy de Reims, Proviſeur de Sorbonne; Que ledit Vincent Favreau pretendant que leſdits Vanin & Châlan en leurdite qualité de Fermiers des droits domaniaux de la Vicomté, de l'Archevêché, & de l'Abbaye de ſaint Remy de Reims, auroient laiſſé gliſſer quelques abus & extenſions onereuſes au peuple &

à l'accez des marchez, & debit public de cette Ville, tant par le payement que faisoient faire les Mesureurs de six deniers, & souvent d'un sol par septier de tous grains que les Marchands vendoient sur le Marché & dans les greniers de la Ville de Reims, que dans la perception des droits de Travers & Tournieu dependans desdits Domaines, il en auroit rendu plainte, & fait en même temps informer de tous les autres abus qu'il a articulé dans la Requête de conclusion civile par luy fournie au Procés criminel instruit à sa Requête contre eux par le Sieur Lieutenant Criminel du Siege Royal de Vitry, nommé à cet effet par Arrêt du Parlement du quatre Mars mil sept cens un, auquel Procés lesdits Sieurs Maire & Echevins seroient intervenus, & étoient dans l'intention de donner de leur part Requête, afin d'obtenir la reformation desdits prétendus abus, & reduire lesdits Fermiers aux termes de la Chartre de mil cinq cens vingt-deux, avec restitution en faveur du public, de ce qui se trouveroit valablement justifié audit Procés, avoir été levé au delà de la Chartre, contre toutes lesquelles plaintes & demandes en restitution comme dessus, lesdits Châlan & Vanin se seroient défendus par les raiſons qu'ils ont dites & expliquées dans les défenſes qu'ils ont fournies & ſignifiées à leur Requête, par leſquelles ils ſoûtenoient s'être pleinement juſtifié, & n'avoir perçû, ny fait percevoir les droits d'Eſtellage, ſix deniers ou ſol par ſeptier, Tournieu & Travers, qu'en conformité de la Chartre & de l'uſage qu'ils avoient trouvé établi de toute ancienneté, même ſuivant la clauſe expreſſe de leur bail, portant qu'ils joüiroient, comme les Predeceſſeurs Fermiers avoient fait, & conformement au Reglement fait entre Mondit Seigneur l'Archevêque & les Habitans dudit Reims, lequel Reglement eſt la Chartre de mil cinq cens vingt-deux, ſans avoir rien innové, les ſix deniers ou ſol par ſeptier ayant été introduits comme une eſpece d'indemnité ou recompenſe de l'Eſtellage qui ne ſe leve pas ſur les quatre écuelles de ſur-meſure accordées à l'achêteur au pardeſſus de chacun ſeptier, par le Reglement de Police generale de l'année mil ſix cens trente, dans lequel eſt fait reſerve expreſſe d'augmenter les meſures ainſi que par le Reglement de l'année mil ſept cens un, ce qui pourtant n'a point encore été executé juſqu'à preſent, & tout ce que deſſus étant parvenu à la connoiſſance de Mondit Seigneur Archevêque, toûjours attentif à ne rien souffrir, qui dans la perception de ses droits puisse être en aucune maniere à la charge du public, auroit fait rendre une Ordonnance par le Sieur Bailly de son Duché, Lieutenant General de Police, le vingt-deux Novembre mil sept cens, qui abroge la perception du sol ou six deniers, quoy qu'un ancien usage de plus de soixante ans l'eût introduit, & fait défenses à l'avenir de les plus recevoir; mais ledit Favreau prétendant qu'il devoit être dédommagé de ce qu'il en avoit payé durant son commerce de grains, auroit perseveré dans sa poursuitte, & y ayant accumulé plusieurs autres chefs, auroit donné lieu à l'intervention desdits Sieurs Maire & Echevins.

Sur quoy Mondit Seigneur Archevêque aprés avoir entendu lesdites parties, & voulant continuer de donner des marques de sa justice, & de sa bienveillance pour la Ville & pour le Public & contribuer en ce qui peut le concerner à appaiser lesdits differents, auroit presentement declaré à toutes lesdites parties comparantes, que son intention étoit, & a toûjours été que ses droits fussent perçûs en conformité de la Chartre de mil cinq cent vingt-deux, & de la susdite

Ordonnance du vingt-deux Novembre mil ſept cent, à charge neanmoins que pour executer l'Ordonnance de mil ſix cent trente, du mois de Novembre, & l'article ſoixante de celle du dix Mars mil ſept cent un, & pour éviter à l'avenir tous les abus qui pouroient ſe gliſſer dans les meſurages & dans la perception du droit d'Eſtellage, les meſures ſeront reformées ainſi qu'il ſera dit cy-aprés : aprés quoy toutes les parties ſont convenuës en preſence & du conſentement du Mondit Seigneur, de faire paſſer l'accord & traité ſervant de Tranſaction ainſi qu'il enſuit ; c'eſt à ſçavoir que ladite Chartre de l'année mil cinq cent vingt-deux ſera executée ſelon ſa forme & teneur, & les droits d'Eſtellage, Tournieu & Travers, ſeront perçûs en conformité d'icelle, aux exceptions neanmoins cy-aprés, & qu'en conformité de l'Ordonnance du vingt-deux Novembre mil ſept cent, le ſol ou ſix deniers par ſeptier demeureront abrogez ſous les peines y portées ; comme auſſi a été convenu qu'à l'avenir, à commencer au premier Octobre prochain, l'écuelle pour le droit d'Eſtellage ſera livrée & meſurée au racle avec la planche ferrée, & non avec la main, comme il s'eſt pratiqué juſques à present, & en consequence pour regler la continance de ladite écuelle, eû égard au present changement, lesdits Sieurs Noblet & Deperthes audit nom ont consenti qu'il soit établi une mesure matrice servant d'écuelle pour la levée & perception dudit droit d'Estellage, de laquelle écuelle les quatorze raclées feront le quartel au bled, & l'écuelle ensemble au pardessus accordée à l'acheteur par ladite Ordonnance de l'année mil six cent trente, & les dix-sept aussi raclées feront le quartel au mar, & l'écuelle aussi accordée au pardessus, suivant ladite Ordonnance de ladite année mil six cent trente, laquelle écuelle matrice nouvelle sera marquée d'une marque differente de celle de l'ancienne matrice, pour ensuite rester au Bureau de la Vicomté, & en être deposé autant au Greffe du Bailliage de l'Archevêché, Duché Pairie de Reims, & Police y réünie, & au Greffe de l'Hôtel de Ville de Reims, & y avoir recours quand besoin sera, & au surplus le mesurage des grains sera fait tant dans le marché que dans lesdits greniers aux termes desdits Reglemens de l'année mil six cens trente, & de celuy de l'année mil sept cens un, sans que dans les greniers il soit donné, livré & mesuré treize septiers pour douze, mais ſeulement la ſur-écuelle pour chacun quartel, ainſi qu'il eſt preſcrit par ledit Reglement de l'année mil ſix cens trente, & ſera le droit d'Eſtellage pour les grains perçûs au racle comme il eſt dit cy-devant, tant pour les deux écuelles par chacun ſeptier, que pour le quartel que les Fermiers de la Vicomté pouront prendre pour & au lieu de quatorze écuelles, le cas y écheant ; c'eſt-à-dire quand il y aura ſept ſeptiers de grains vendus dans les marchez ou dans les greniers, auquel cas il ſera loiſible auſdits Fermiers de prendre pour leurs droits le quartel avec l'écuelle du vendeur, au par deſſus introduite par le Reglement de l'année mil ſix cens trente, le tout meſuré au racle en conformité d'iceluy ; quant à la livraiſon des grains de preciput, & redevance à prendre ſur la Vicomté, le meſurage en ſera fait comme par le paſſé, & comme il ſe fait preſentement, ſans aucunement y deroger ny rien innover à cet égard par ces preſentes : & pour ce qui eſt de la farine, elle continuëra d'être meſurée à comble tant pour l'achêteur que pour les droits d'Eſtellage, conformement à la Chartre de l'année mil cinq cens vingt deux ; & comme il s'eſt toûjours pratiqué juſqu'à preſent, & en cas d'abus & contravention par les meſureurs commis deſdits Fermiers, ſoit pour argent reçû ou autrement dans leurs fonctions concernant le meſurage, la levée & perception des droits de la Vicomté, les Fermiers en ſeront civilement garans & reſponſables ſuivant la Chartre ; pourvû neanmoins que la plainte en ſoit portée, & à eux denoncée dans la huitaine, après lequel temps la garentie & le dedommagement ceſſeront à l'encontre d'eux, ſauf la pourſuitte contre les delinquans, & à cette fin ſera élevé ſur le marché un poteau avec une pancarte, qui expoſera le droit & la défenſe de rien exiger au delà, & l'obligation de denoncer les contraventions dans la huitaine aux Fermiers, & d'autant quà l'égard du droit de Tournieu la perception en eſt devenuë tres-difficile, tant à cauſe du changement des monnoyes & de l'abrogation des oboles & deniers qu'on payoit ſelon la Chartre pour les droits en certains cas ; comme auſſi à cauſe du changement de la valeur des denrées & marchandiſes, ce qui cauſoit des differens, qui ſouvent incommodoient le public, & quelque fois auſſi préjudicioient à la perception du droit ; Mondit Seigneur Archevêque inclinant toûjours au ſoulagement du peuple, après avoir fait examiner les moyens les plus convenables pour en retrancher toutes les difficultés qui pouroient inquieter le peuple & les Fermiers de son Domaine, a bien voulu consentir qu'à l'avenir le droit de Tournieu dependant de l'Archevêché & Vicomté de Reims, ne sera perçû sur les redevables & sur les denrées, marchandises & especes designées par la Chartre, que quand elles seroient voiturées sur des bêtes de charge, charettes, chariots & traineaux tirez par homme ou autrement, au moyen de quoy le moindre droit sera dû & perçû de la plus basse espece de monnoye ayant cours; pourvû qu'elle ne soit pas de moindre valeur que de deux deniers, & que tant que le liard vaudra trois deniers, comme il les vaut presentement, le droit sera perçû sur le pied desdits trois deniers, sauf le plus dans le cas où la Chartre attribuë un droit plus fort que lesdits deux ou trois deniers; c'est-à-dire quand il y aura sur lesdites voitures, bêtes de charge ou traineaux, des marchandises ou denrées qui selon la Chartre devront ensemble plus que les deux ou trois deniers; mais que ceux qui porteront à bras & hottes ou besaces, des especes, denrées, ou marchandises sujettes au droit par la

Chartre, ils en seront afranchis à l'avenir & n'en payeront rien, sans deroger neanmoins à l'égard des gens designez par la Chartre de mil cinq cens vingt-deux, aux sommes qu'ils sont tenus de payer par chacun an pour leur exemption hors les temps de fusche-marche ; & à l'exception des crocheteurs ou hottiers portant pour autruy, & des Savoyards & Merciers portant balles & sacs, & des Chaudronniers, Auvergnats qui payeront ainsi qu'il est marqué par la Chartre, au moyen de quoy les Fermiers de ladite Vicomté & leurs Commis seront déchargez de l'obligation de donner les marques & enseignemens prescrits par ladite Chartre, sans toutefois deroger à l'usage des acquits de Vicomté qui seront requis & donnez en la maniere accoûtumée suivant ladite Chartre de mil cinq cens vingt-deux, laquelle pour le surplus dudit droit de Tournieu sera executée ; que quant au droit de Travers, il sera pareillement perçû aux termes & conformité de ladite Chartre de mil cinq cens vingt-deux, & dans les endroits qu'elle designe, à charge neanmoins que pour le Travers dû par les voitures & marchandises sujettes audit droit, qui traversent dans la Ville de Reims & Fauxbourgs de Ceres,

& même pour le Tournieu, il sera mis à chacune des Portes d'icelle Ville, & à l'entrée du Fauxbourg de Porte Ceres, un poteau avec pancarte contenant lesdits droits, & designation des Bureaux où lesdits droits seront acquittez, & pour le droit de Travers dû sur les chemins du dehors de la Ville designez par ladite Chartre, il sera aussi exposé des poteaux & pancartes & des Bureaux de recette aux endroits pareillement indiquez par la Chartre, & ce dans le premier Octobre prochain, lesquels poteaux & pancartes seront rétablies au renouvellement de chaque bail de ladite Vicomté, si lors il s'en trouve d'abatus, quand les contrevenans arrêtez pour fraude du droit de Tournieu ou du droit de Travers voudront se soûmettre ou composer de l'amande encouruë, sans aller devant le Sieur Bailly de l'Archevêché; audit cas le Commis préposé à la recette sera tenu de charger son registre de la convention & soûmission, qu'il fera signer par le contrevenant arrêté, ou s'il ne sçait signer, par deux témoins qu'il appellera à ladite soûmission, & au moyen de tout ce que dessus & de la presente Transaction, lesdits Sieurs Noblet & Deperthes esdits noms, tant pour lesdits Sieurs du Conseil de ladite Ville

Ville de Reims, que ledit Sieur Noblet pour ledit Favreau se sont volontairement desistez & departis, se desistent & departent par ces presentes, chacun à leur egard de leurs plaintes, poursuittes, intervention, demandes, pretentions generalement quelconques du passé jusqu'à ce jour, tant en principal que depens, dont ils ont quittez, dechargez, quittent & dechargent lesdits Vanin & Châlan, qui reciproquement ont quittez, dechargez ledit Favreau aussi tant en principal que depens; consentans lesdits Sieurs Noblet & Deperthes esdits noms, la presente Transaction être homologuée pardevant Nosseigneurs de Parlement à la poursuitte des parties qui le requereront, constituant à cet effet lesdits Sieurs Noblet & Deperthes esdits noms leur Procureur, le porteur des presentes, sauf ausdits Châlan & Vanin, si bon leur semble, à poursuivre en justice leur plus ample decharge à leurs frais, avec le Sieur Procureur du Roy de Vitry & par tout ailleurs, ainsi qu'ils aviseront bon être, en vertu de la presente Transaction, soit devant ou après l'homologation d'icelle, reconnoissans lesdits Vanin & Châlan, que n'ayant pas fait assez d'attention au bon ordre qui s'observe dans les deliberations du Conseil de la Ville, il leur étoit échapé dans leurs défenses des termes injurieux contre lesdites deliberations; pour quoy ils consentent que ces termes demeureront suprimez, & au surplus demeureront aussi suprimez les termes injurieux des écritures fournies respectivement par lesdits Vanin & Châlan, & ledit Favreau dans la poursuitte dudit Procés; car ainsi &c. promettant, obligeant, renonçant, fait & passé audit Reims au Palais Archiepiscopal de Mondit Seigneur l'an mil sept cens trois le vingt Juillet après midy. Mondit Seigneur a signé, & lesdits Sieurs Noblet & Deperthes, avec lesdits Vanin & Châlan à la minute des presentes qui a été controllée, signé *Lapille* & *Dallier*, scellée à Reims le vingt-trois Juillet 1703. signé, *Rogelet*.

Ensuit copie de la Conclusion dont est parlé en la Transaction cy-dessus, & des autres parts écrite.

Extrait des Registres des Conclusions du Conseil & Echevinage de la Ville de Reims, du Lundy seize Juillet mil sept cent trois, au Conseil où presidoit Monsieur Noblet Lieutenant des Habitans & où assistoient

Messieurs Antoine Hachette, Regnard, d'Arzilliere, Henry Favart, Blanchebarbe, Coquebert, Regnault, Nicolas Hachette, Rogier, Bachelier, De La Motte, Dorigny, Noiron & Pescheur, Conseillers Echevins de ladite Ville, le Procureur du Roy & de ladite Ville present. Sur ce qui a été representé par Monsieur le Lieutenant qu'en conformité des precedentes deliberations il s'est transporté avec le Procureur du Roy au Palais de Monseigneur l'Archevêque, où le projet de Transaction presentement mis sur le Bureau a été convenu, & qu'il est à propos d'en faire lecture & l'examen, pour donner une deliberation finale, la Compagnie aprés lecture faite dudit projet, & une mûre deliberation, a conclu, que la Transaction sera passée & signée par Monsieur le Lieutenant & le Procureur du Roy telle & ainsi qu'elle a été presentement lûë, & conforme à la copie qui a demeurée annexée à la minute des presentes aprés qu'elle a été paraphée par tous les dénommez cy-dessus. Fait & deliberé au Bureau du Conseil de l'Hôtel de la Ville de Reims les jour & an que dessus, signé *F. Noblet, A. Hachette, Regnard, d'Arzilliere, Henry Favart, Coquebert, Blanchebarbe, Hachette,*

Raoul Rogier, *Bachelier*, *De La Motte*, *Adam Dorigny*, *Noiron*, *C. Peſcheur*, *Regnault & Deperthes* ; en fin de ladite Concluſion eſt tranſcrit le projet de la Tranſaction écrite des autres parts, & le tout ſigné en fin, *Graillet avec paraphe*, au bas duquel projet eſt écrit, paraphé de Monſieur Noblet Maire des Habitans de la Ville de Reims, de Maître Hubert Deperthes Procureur du Roy & de ladite Ville, & à leur requiſition, des Notaires ſouſſignez au deſir du Traité dont le projet eſt écrit cy-deſſus, & des autres parts, paſſé pardevant les Notaires ſouſſignez ce jourd'huy vingt Juillet mil ſept cent trois, ainſi ſigné, *F. Noblet*, *Deperthes*, *Lapille & Dallier*, ſigné *Lapille*, *Dallier*.

Enſuit copie de la Ratification de Vincent Favreau étant en fin de la minute de la Tranſaction écrite de l'autre part.

Aujourd'huy vingt-un Juillet mil ſept cent trois aprés midy pardevant leſdits Notaires, eſt comparu Vincent Favreau Bourgeois de Reims, lequel aprés avoir eû communication, & que lecture luy a été faite de la Tranſaction écrite de autres parts, qu'il a dit avoir bien entendu, il l'a agréé &

ratifiée, consenti & accordé qu'elle ait lieu & sorte effet, sans pouvoir aller au contraire, & a signé à la minute des presentes, qui a été contrôlée signé, *Lapille & Dallier*, scellée à Reims le vingt-trois Juillet mil sept cens trois, signé, *Rogelet.*

Copie d'une autre Conclusion attachée à la minute de ladite Transaction.

Extrait des Registres des Conclusions du Conseil & Echevinage de la Ville de Reims, du Dimanche vingt-deux Juillet mil sept cens trois, au Conseil le Procureur du Roy & de la Ville present. Sur ce qui a été representé par M. Noblet Maire des Habitans de la Ville de Reims, que par Conclusion du seize des presens mois & an, la Compagnie l'auroit nommé avec M. Deperthes Procureur du Roy & de la Ville, pour signer, au nom de ladite Compagnie, la Transaction, dont étoit convenu avec Monseigneur l'Archevêque Duc de Reims, suivant le projet qui en avoit été fait; & qu'en consequence dudit pouvoir, il auroit avec ledit Sieur Deperthes signé ladite Transaction le vingt du present mois, passée pardevant Dallier & son Compagnon Notaires

Royaux audit Reims, laquelle ils se sont obligez de faire ratifier par ladite Compagnie : la Compagnie après lecture faite de ladite Transaction par le Greffier & Secretaire du Conseil, a declaré qu'elle l'agrée & ratifie, consent & accorde qu'elle ait son plein & entiere effet dans toutes ses formes & teneurs, & pour ce a conclu qu'il sera donné autant de la presente Conclusion par le Secretaire du Conseil à Mondit Seigneur l'Archevêque, pour être attachée à la minute de ladite Transaction. Fait & deliberé au Bureau du Conseil de l'Hôtel de Ville de Reims, les jour & an que dessus, signé, *F. Noblet, A. Hachette, Regnard, Henry Favart, Adam Regnault, Hachette, Raoul Rogier, Bachelier, Philippes Favart, Adam Dorigny, Blanchon Darzillier, C. Pescheur, Deperthes, & Cocquebert*; & est ladite Conclusion ainsi signé, *Graillet, avec paraphe.*

EXTRAIT DES REGISTRES de Parlement.

VEU par la Cour la Requête à elle presentée par Messire CHARLES MAURICE LE TELLIER Archevêque Duc de Reims, Premier Pair de France, Commandeur de l'Ordre du Saint-Esprit, Abbé commandataire de l'Abbaye de saint Remy de Reims, Proviseur de Sorbonne, à ce qu'il plût à ladite Cour homologuer la Transaction passée entre luy d'une part, & les Maire, Procureur du Roy, Echevins & Gens du Conseil de la Ville de Reims, le vingt Juillet mil sept cens trois, par laquelle il a été arrêté que la Chartre du dernier Decembre mil cinq cens vingt-deux au sujet des droits domaniaux dependans de l'Archevêché de Reims & Abbaye de saint Remy de ladite Ville, homologuée par Arrêt de ladite Cour du vingt-huit Mars mil cinq cens vingt trois, sera executée selon sa forme & teneur; ce faisant que les droits d'Estellage, Tournieu & Travers seront perçûs en conformité d'icelle, en consequence que le sol ou six deniers qui se levoient par septiers, demeureront abrogés conformement à l'Ordonnance du Lieutenant General de Police de ladite Ville de Reims du vingt deux Novembre mil sept cens; comme aussi qu'à l'avenir, à commencer du premier Octobre, l'écuelle pour le droit d'Estellage, sera livrée & mesurée au racle avec la planche ferrée & non avec la main, comme il s'est pratiqué jusques à present; & pour regler la continance de ladite écuelle, eû égard au present changement, qu'il sera établi une mesure matrice servant d'écuelle pour la levée & perception dudit droit d'Estellage; de laquelle écuelle les quatorze raclées feront le quartel au bled, y compris l'écuelle accordée à l'achêteur au par dessus par l'Ordonnance de la Police generale de la Ville de Reims de l'année mil six cens trente, & les dix-sept écuelles raclées feront le quartel au mar, y compris aussi l'écuelle accordée au par dessus par ladite Ordonnance, laquelle écuelle matrice nouvelle sera marquée d'une marque differente de celle de l'ancienne matrice, dont trois matrices seront deposées, l'une au Bureau de la Vicomté, l'autre au Greffe de l'Archevêché, Duché Pairie de Reims, & Police y réünie, & la troisiéme au Greffe de l'Hôtel de ladite Ville, pour y avoir recours quand besoin sera ; Qu'au surplus le mesurage des grains sera fait tant dans le Marché que dans les greniers aux termes desdits Reglemens de l'année mil six cens trente, & de l'année mil sept cens, sans que dans les greniers il soit donné, livré & mesuré treize septiers pour douze, mais seulement la sur-écuelle pour chacun quartel, ainsi qu'il est prescrit par ledit Reglement de mil six cens trente, & qu'en cas d'abus & contravention par les Mesureurs commis, les Fermiers en seront civilement responsables suivant la Chartre de mil cinq cens vingt-deux ; pourvû que la plainte en soit portée & demandée dans la huitaine, après lequel temps la garantie & le dédomagement cesseront à l'encontre desdits Fermiers, sauf la poursuitte contre les delinquans, & qu'à cette fin il sera élevé sur le Marché public un poteau avec pancarte qui exposera le droit, la défense de rien exiger au delà, & l'obligation de denoncer les contraventions dans la huitaine au Fermier ; & qu'à l'égard du droit de Tournieu, il ne sera perçû sur les redevables & sur les denrées, marchandises & especes designées par la Chartre de mil cinq cens vingt-deux, que quand elles seront voiturées sur des bêtes de charge, charettes, chariots & traîneaux tirez par homme ou autrement, au moyen de quoy le moindre droit sera dû & perçû de la plus basse espece de monnoye ayant cours, pourvû qu'elle ne soit de moindre valeur que deux deniers, & que tant que le liard vaudra trois deniers comme à present, le droit sera perçû sur le pied de trois deniers, sauf le plus dans les cas où la Chartre attribuë un droit plus fort que les deux ou trois deniers; mais que ceux qui porteront à bras, hottes ou besaces des especes, denrées ou marchandises sujettes à ce droit par ladite Chartre, en seront affranchis à l'avenir; sans deroger neanmoins à l'égard des gens de poiture designés par ladite Chartre de 1522. aux sommes qu'ils sont tenus de payer par chacun an pour leurs exemptions hors les temps de fusche-marche, & à l'exception des crocheteurs ou hottiers portans pour autruy, des Savoyards & Merciers portans balles & sacs, & des Chaudronniers, Auvergnats qui payeront ainsi qu'il est marqué par ladite Chartre; & quant au droit de Travers, qu'il sera perçû conformement à ladite Chartre dans les endroits y designez, & qu'il sera mis à chacune des Portes de la Ville, & sur les chemins de dehors marquez par ladite Chartre, des poteaux & pancartes contenant ledit droit, designation de Bureaux où ils se payent, le tout ainsi qu'il est plus au long expliqué & contenu en ladite Transaction ; que les parties ont respectivement stipulé être homologuée en la Cour. Autre Requête presentée à la Cour par les Maire, Procureur du Roy, & Gens du Conseil de la Ville de Reims, à ce qu'il luy plût leur donner acte de ce qu'ils adherent aux Conclusions prises par ledit Sieur Archevêque de Reims afin d'homologation de ladite Transaction du vingt Juillet 1703. & en consequence ordonner qu'elle sera homologuée pour être executée selon sa forme & teneur, ladite Requête signée, *Amigault Procureur.* Veu aussi ladite Chartre du dernier Decembre 1522. homologuée par Arrêt du vingt-huit Mars 1523. l'Ordonnance de Police de l'année 1630. celle du vingt-deux Novembre 1700. & ladite Transaction du vingt Juillet 1703.

Permis d'imprimer, à Reims le 15. Fevrier 1724.

CLIGNET.

TABLE.

De ce present Livre intitulé les Droits de la Vicomté de Reims.

PREMIEREMENT.

Table.

Fin de la Table.

www.ingramcontent.com/pod-product-compliance
Ingram Content Group UK Ltd.
Pitfield, Milton Keynes, MK11 3LW, UK
UKHW021112260726
13994UKWH00002B/849

9 782329 231068